daily crystal inspiration

點亮你的每一天

水晶靈感卡

海瑟・阿斯奇諾西 (Heather Askinosie) / 著

王培欣 / 譯

國家圖書館出版品預行編目資料

點亮你的每一天水晶靈感卡：隨時擁有水晶的好靈感與正能
　量／海瑟‧阿斯奇諾西（Heather Askinosie）著；王培欣譯.
　-- 初版. -- 新北市：大樹林，2021.07
　　面；　公分. --（Change；1）
　　譯自：Daily crystal inspiration : a 52-card oracle deck for
finding health, wealth, and balance.

　ISBN 978-986-06007-8-0（平裝）

　1.占卜

292.96　　　　　　　　　　　　　　　　　　　110008843

系列／Change 01

書名／點亮你的每一天水晶靈感卡：
　　　隨時擁有水晶的好靈感與正能量

作　　　者／海瑟‧阿斯奇諾西（Heather Askinosie）
翻　　　譯／王培欣
編　　　輯／陳維岳
排　　　版／弘道實業有限公司
包裝設計／張慕怡
出　版　者／大樹林出版社
登記地址／235新北市中和區中山路二段530號6樓之1
通訊地址／235新北市中和區中正路872號6樓之2
電　　　話／(02) 2222-7270　　傳　　　真／(02) 2222-1270
網　　　站／gwclass.com
E－mail／notime.chung@msa.hinet.net
Facebook／www.facebook.com/bigtreebook
總　經　銷／知遠文化事業有限公司
地　　　址／222新北市深坑區北深路三段155巷25號5樓
電　　　話／(02)2664-8800　　傳　　　真／(02)2664-8801
初　　　版／2021年7月
DAILY CRYSTAL INSPIRATION
Copyright © 2020 Heather Askinosie and Timmi Jandro
Originally published in 2020 by Hay House Inc. US

定價／780元　　　　　　ISBN／978-986-06007-8-0
本書如有缺頁、破損、裝訂錯誤，請寄回本公司更換

版權所有，翻印必究
Printed in Taiwan

這副牌卡謹獻給大地之母以及她的水晶。

願我們守護她，如同她守護著我們，

願我們榮耀她所分享的智慧，

乘著她的大能探索我們自身的力量。

目錄

序言

　　水晶是智慧的守護者，就如同地球一般古老。它們是我們最古老的自然界祖先，在它們之內，蘊藏著自然世界供給一切靈感、能量、洞見與奧祕時所需要的真正能源。每一個水晶都有它自己要訴說的故事、要給予的教導、要分享的力量。它們是進行反思時的工具，自我探索時的通道。當你運用水晶工作時，你便是取用了它古老的知識，使用了它深層的轉化能量。

　　這些牌卡結合了水晶以及你本身直覺兩者的力量。這副靈感卡（在此單純是用來描述建議或指引的傳遞）幫助你連結內在的智慧和宇宙的智能，賦予你力量為自身的福祉以及引導自己的命運負起責任。藉由轉向內在，你將會迅速展開你的靈性之旅，並積極參與自己生命的蛻變歷程。

　　水晶並非魔法，不單是你為了達成願望而拿來使用的東西。它們由大地之母直接賜與，是極為有力的能量工具和力量泉源，能為你的生活中需要注

意或轉變的各個面向帶來覺察。正是在這些「啊哈」頓悟的時刻，突破發生了。在那樣的時刻裡，你達到了更深層的圓滿、平衡、幸福與療癒。

接收水晶的智慧

我何其有幸，能夠從事水晶解讀的工作將近三十年。我在解讀中獲得的洞見，往往能協助個案跨越障礙，得到重大的突破。我曾看過傑出的運動員克服心理障礙，締造登峰造極的表現。我也曾見過雄心勃勃、事業有成的企業主管，從內在發現了一種更加深刻的圓滿與幸福。我見證了有三個孩子的忙亂母親找到慢下來的方法，終於為自己騰出空間，滿足個人的需求，使生活達到更好的平衡。

當我進行解讀的時候，我會將各式各樣的水晶陳列在桌上，請我的個案依據顏色、形狀和尺寸，挑選出最吸引他們的水晶。之後，我再依據他們直覺的選擇，判別此刻他們的靈魂想要說什麼。無須說出任何話語，水晶就會與我分享他們的故事。

人們常會問我，如何在沒有詢問任何問題的情況下得知某些訊息。我的答案始終不變：我讓水晶說話。我不解讀人，而是闡釋礦石的訊息來幫助個案達成他們的目標，並且踏上自己的靈性之旅。如

果沒有採取行動，就不會有所改變。然而，對自我探索而言，水晶提供的助益良多；只要跟隨它們的訊息，真實的成長便會隨之而來。這就是為何在這副牌卡中，我提供的是實際可行的訊息，以及帶來轉變的要點。

我已預見當你運用這些水晶訊息時，強大的改變會發生。我很高興能將這套系統提供給所有正在尋求深刻觀點，並依此活出最佳人生的人們。

牌卡中的水晶能量

我在這副牌卡選擇這 52 種水晶，是因為它們代表了人們在尋找生命定位時的共同主題。即使殊異各別如我們，但在核心之中，卻都需要相同的事物——愛、連結、目標及滿足。在此選出的水晶觸及了這些共通的經驗，並提供清楚的指引，來療癒和轉變你的生命。每一張牌都附有一句正向肯定語，協助你與對應的水晶能量連結。透過這本手冊的引介，你可以學習每一種水晶所給予的訊息，獲得指引去藉由一個簡單的行動，在生活中產生一個立即、有影響力的改變。

療癒與開悟需要一生的投入。沒有起點、中站或終點。即使在三十年的靈性探索之後，我仍然需

要在自己身上下功夫。然而，我學習到這個過程並不需要過度複雜。一旦我們明白旅途仍在繼續，那麼每一天我們都能開始一點一滴地鑿刻、塑造它。靈性進化將以一種可行、實際且務實的方式，成為我們生活中的一部分，而非遙不可及或淪於空談的東西。

最強而有力的蛻變，往往是那些最簡單的改變。特別是對那些尚不熟悉這類內在探索的人們，我的目標會是以他們可以吸收的方式來傳遞直接明白的訊息。這套牌卡將指引並教導你以一種結果取向的方式運用水晶能量，使水晶的智慧方便易得，即使你手邊並沒有實體的礦石。

如何使用
《點亮你的每一天水晶靈感卡》

　　這套水晶牌卡是在你獨特的靈性旅途中提供協助的工具。藉由為自己（或他人）進行水晶解讀，你能快速步入你的靈性進化、情緒療癒，甚至更多。水晶的能量充滿了這些牌卡，能幫助你連結自己的潛意識，進而辨別靈魂需要的深入療癒或更高目的，並採取行動。透過抽牌，你將能舒適地展開所需的內在對話與反思。

　　每種水晶都帶有一種能量，適合以特定的方式來協助你靈魂的進化。這就是為什麼在生命中的某個時刻，你可能感覺與某種水晶有強烈的連結，但在其他時刻，同樣的水晶就是對你不發一語。所以，無須擔心自己選到了「錯誤」的水晶。只要你敞開心胸，並且信任自己，宇宙永遠會引領你走向正確的方向。

如何進行水晶解讀

當你第一次拿到任何一副神諭卡，例如這一套

牌卡，很重要的是去「啟動」它們。這意指你要去內建或灌注你的能量到牌卡中。把這想成是初次見面的兩人在建立關係前的握手禮。同樣重要的是，你可以用自己的能量取代在牌卡上所「卡住」的任何前人或無法掌握的影響，以確保解讀的精確度。

要啟動牌卡，請一張一張地瀏覽它們，停下來觸摸和注視每一張牌。這會建立你與每一張牌的連結，並注入你的能量。然後將整副牌卡放在胸前，牌面朝向自己。閉上眼睛做三次深呼吸，用你的心而非頭腦來連結這副牌卡。

你也可以選擇在開始解讀前，焚燒鼠尾草清理和淨化你的空間，以確保環境在能量上的清淨。或者你可以創造一個安靜的空間，點起蠟燭、燃燒線香，或做任何有助你感覺平靜和放鬆的事情。一旦環境安頓就緒，花一點時間清理思緒並集中精神，協助你對這個解讀過程開放。你可以請求來自更高源頭的協助或支持，或是觀想你的內在之光明亮生輝。總之，去做任何使自己感覺舒適的事，使你得以敞開心胸並提振能量頻率，而能在解讀之中接收洞見和指引。

在進行解讀之前一定要先洗牌。你可以用任何喜歡的方式洗牌，洗牌時間也依你而定。洗牌時，

將你的問題或意念放在心中，或者請你協助解讀的對象這樣做。你的直覺會告訴你何時停止洗牌。

接下來，不看牌面選出一張牌。你可以將牌卡攤開呈扇形後選擇一張牌，或是隨機地洗牌後抽出一張。如果是為他人進行解讀的話，則請他們來選擇牌卡。

當牌卡選定後，在你的面前將牌卡翻開。花一些時間看著牌面上的水晶，聆聽你的直覺告訴你關於這個水晶的能量。然後，打開這本手冊，閱讀相關的內容。

在不同的問題解讀之間，淨化整副牌卡的能量是很重要的。要淨化牌卡，只需要在下一次抽取之前，將整副牌卡的牌面朝下，在頂端的牌背敲三下即可。

不同類型的水晶解讀

在使用這副牌卡時，我推薦以下幾種不同的解讀模式。你可以為每個特定問題或情境，選擇吸引你的解讀方式。

每日訊息：當你一早醒來時抽一張牌卡，來設定你當天的計畫。這個方式有助於你詢問自己：什麼是我今天需要專注的事情？

<u>每月訊息</u>：每月選擇一天抽一張牌卡。你可以選擇每月的第一天或最後一天；某一個特定月相，例如滿月或新月；或任何其他對你而言有意義的日子。閱讀水晶的訊息，然後問自己：**這個月我需要專注在什麼事情上？我可以在這段時間裡做什麼事，以協助我改變、成長與蛻變？**

　　<u>水晶牌卡解讀</u>：將你的問題或意圖放在心中，然後抽三到五張牌，並將它們橫排在面前。結合不同的牌卡可以為你的解讀增加深度，使你明瞭整個故事主軸，或此時的生命課題。不同的水晶能量和訊息能協助你更深入靈性的探索。

　　舉例來說，假設你抽到：藍銅礦（全神貫注）、螢石（找到內在的寧靜）以及黃鐵礦（讓金錢流入）。這可能代表了你需要專注在財務穩定以及尋求內在寧靜的廣泛議題，但是這三張牌的特定意義或訊息，會特別適用於你和你的生命境遇上。

　　在解讀之後，雖然並非必要，水晶愛好者可能會想實際運用所收藏的水晶。如果可以，挑選你所抽到的那種或那些水晶。你可以將它放在皮包或口袋裡，放在床頭櫃，或是一個一天當中可以經常看到的地方，以便將它作為自我檢視的試金石，以及正向肯定語的有形提醒。我喜歡透過連續七天握持

水晶、與之冥想，或用視覺連結它們的方式和水晶一起工作，因為七這個數字代表了療癒。

　　如果你願意更進一步地使用儀式或其他點子與水晶一同工作，我的《水晶 365》（*Crystal 365*）和《水晶繆思》（*Crystal Muse*）這兩本書會提供更多的相關訊息。

白水晶的力量

　　白水晶代表清晰。在完成一個解讀後，你可以在每一張所選出的牌卡上放置一顆白水晶，除了增幅它的能量外，還可為你的正向肯定語創造出強大的提醒作用，而且效果能持續一整天。

　　你也可以將牌卡與白水晶一起存放，來強化整副牌卡的能量。白水晶會提高解讀的準確性，並幫助你在解讀牌卡時獲得清晰的洞見。

水晶牌卡的意義

　　在你獨特的生命旅途中，每張水晶牌卡都有訊息要與你分享。為了幫助你和水晶牌卡的能量連結，並且洞察它如何與特定的情境有關，這本手冊包含以下三個項目。

- **水晶訊息**：第一個部分涵蓋了你能從這種水晶學到的課題。你會在此找到實際、相關的資訊，幫助你應用在日常生活中。在你闡釋每種水晶的意義、目的和寓意時，讓你的直覺指引你。將這些賦予你力量的文字放在心中；它們能幫助你的心靈轉變、蛻變和進化。
- **核心問題**：這些問題將協助你思索這項主題，以及思考它如何呈現在你的生活中。在日常生活裡將這些問題銘記在心，讓你的答案帶領你成長和進化。
- **水晶行動**：這裡我建議兩種簡單的練習，使你能花少少的時間，就有大大的收穫。首先，對自己

複誦肯定語，無論是在腦海中或大聲念出來都可以。你可能會想把它寫下來，以便在一天當中時時提醒自己重複這些句子。然後，找機會跟隨行動步驟。這些是你在生活中立即啟動水晶牌卡能量的方式。

正向肯定語是強而有力的；然而為了持續性的改變，我們的療癒歷程就需要觸及議題的核心。這些水晶牌卡邀請你去辨認某種模式或情緒是從何時開始，如此你就能夠將它帶出意識表層。這會提供你一個做出更正向的行為改變的機會。正是在這樣的二元性之中，蛻變才得以發生，引領你在療癒的旅途上更進一步。

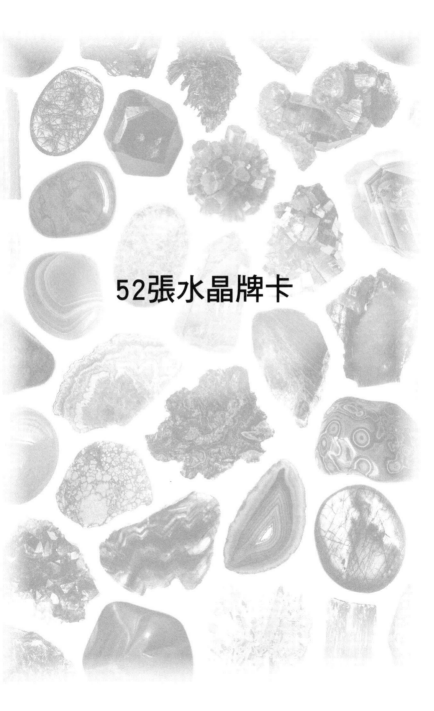

52張水晶牌卡

瑪瑙
agate

恢復平衡

　　現在該是掌握平衡感的時候了。重新評估你是如何使用自己的時間與能量，以確認你所付出的努力和生命中的優先事項是相互吻合的。選擇擱置較不重要的事，能使你將全部的注意力放在最重要的事。用較慢的速度做事，不等於你這一天是效率低落的。往往，事情正好相反。請按自己的步調，並以一種更健康、更持有明確意圖的方式來分配你的能量，這會幫助你更加集中，使你的日常事務更為

成功。

核心問題

　　什麼是你生活中的優先事項？你生活中的哪些面向耗費你最多的時間與能量？這些事情的本質有彼此吻合嗎？你運用時間的方式，是否有助於達成你的意圖與支持平衡的生活？

水晶行動

　　念誦肯定語：「平衡是我的自然狀態。」今天，每當你感覺失去平衡時，停下來做三次深呼吸，給自己時間去回想什麼才是重要的事。

天河石
amazonite
鬆開緊抓的手

總會有這樣的時候，受夠了就是受夠了！是放下控制的時候了。你並不需要一個人獨撐大局，重點在於：你無法獨自做到所有的事──沒有人做得到。生命中有些事情就是不在我們手中。要記得，你已經盡其所能給出你最好的表現了。我們很容易就會受困於凡事都得要照著我們的意思去做，彷彿我們正試圖要去干預生命的更大計畫。反之，試著後退一步，給生活中的人際關係和境遇留一些空間

和時間去發展。放掉事情「應該」（should）要如何的想法，保留事情「可以」（could）是如何的空間。如果你允許生命以自然的方式開展，每件事都會水到渠成。

核心問題

你可以在生命中的哪些領域放下控制？當你這麼做，感覺會如何呢？你能相信生命之美往往是出其不意的嗎？

水晶行動

念誦肯定語：「我放下控制。」今天，只要用最基本的指令分派一項工作出去，然後就允許生命開展吧。

紫水晶
amethyst
信任你的直覺

　　直覺勝於雄辯。總歸而言，所有的答案都在你之內。要知道你可以相信自己。你的直覺近似於本能，能夠使你連結內在的知曉。你比任何人都還要了解自己。才智和邏輯是很有用處，但有時過度的思考或分析反而會使你停滯不前。連結你的內在智慧，承認你的直覺自我所告訴你的事。別讓外界的聲音勸阻你做自己所知最好的事。讓內在的聲音替自己發聲吧。

核心問題

在面對一個問題時，你最常跟隨的是別人告訴你的，你的頭腦告訴你的，還是你的直覺告訴你的？回顧過往，是否曾經有好幾次，你會希望自己更加聽從直覺的感受呢？

水晶行動

念誦肯定語：「我信任我的直覺。」今天，請別用你的理性邏輯做一個決定（可以是像點餐一樣簡單的事情，只是允許你的內在智慧做決定）。

天使水光水晶
angel aura quartz

放輕鬆一點

　　是的，放輕鬆一點是沒有問題的。生活已經夠嚴肅了。一點休閒消遣總會添加看事情的新視角。在生活的重責大任間，留一點時間給那些讓你綻放微笑或捧腹大笑的事情。允許自己把娛樂放在首位。你值得的！擁抱如孩童般的好奇和興奮。犯些傻氣。連結你無憂無慮、輕鬆愉快的本性。你知道別人所說的那種「只工作、不玩耍」會是什麼情況！一旦你持續保有天真的童心，在你需要回歸崗

位的時候，你就能展現最佳版本的自己。

核心問題

對你而言，有趣好玩指的是什麼呢？什麼能使你微笑呢？你上次笑得眼淚直流是什麼時候呢？

水晶行動

念誦肯定語：「我讓自己開心地玩耍。」今天，找一個理由大笑和放鬆吧！說個笑話、觀賞一個有趣的節目，或是跟親友分享一張好笑的照片都可以。

天使石
angelite
支援就在你身邊

　　你並不孤單。你隨時都可以獲得援助和支持，不論是來自朋友、家人或守護天使。保持敞開，接受那撫慰人心的力量。允許人們來到你的生活中。當你需要社群支持時，請伸手向他們求援。並不是所有人都對請求幫助感到舒服，但是請相信其他人是想要幫忙的；事實上，人們往往非常樂意伸出援手。接受幫助，甚至是建立一個你所需要和值得擁有的支持系統，都是沒有問題的。即使是我們當

中最堅強的人，也會有脆弱的時候。允許自己接受安慰並從接納之處獲得成長，這之中其實蘊藏著力量。所以，當下一次有人想要幫助你，就帶著優雅和感謝接受它吧。

核心問題

你上一次提供幫助是什麼時候？你上一次請求幫助是什麼時候？你感覺自己值得別人的幫助嗎？

水晶行動

念誦肯定語：「支援就在我身邊。」今天，練習向一位朋友、家人或守護天使請求幫助，即使是一件微不足道的小事。

磷灰石
apatite
走出你的舒適圈

衝破你的泡泡吧！凡事都有第一次，每個人都會遇到的。離開你的舒適圈，去探索什麼能夠滿足你生命的胃口（appetite，譯注：磷灰石 apatite 的雙關語）。人很容易變得自我滿足，只想打安全牌活在自我設定的框架中。別讓慣性阻擋你挑戰自我。去擁抱全新和未知的領域。就是在那樣令人振奮的時刻，你能夠得到啟發，並且發掘是什麼事物能夠讓你熱血沸騰。對你的未來抱持警醒和興奮的

期待；在這個狀態中，你能學到最多的東西，而且你將成長和發展成為最佳版本的自己。

核心問題

你上一次嘗試新事物是什麼時候？是什麼啟發了你？

水晶行動

念誦肯定語：「我有能力去做嶄新與驚奇的事。」今天，嘗試不同的事物，來獲得生活的啟發。可能是計畫一次旅行，嘗試新食譜，或買一本從未聽過的作者的書。

魚眼石
apophyllite
保持正向

　　抬起頭來，保持希望。與其關注可能出錯的事，重要的是關注那些可能發展順利的事。將你的注意力帶到生活裡正向的部分，允許它們激勵你。此刻，記得心懷感謝。允許自己為新的前景和機會感到振奮。何必來回揣測和擔心「萬一」來毀掉所有的樂趣？一個正面的態度、專注在希望而非恐懼的態度，能克服幾乎所有的事情。你的注意力走到哪裡，能量便會跟隨到哪裡。就讓它朝正面的方向

流動吧！

核心問題

你在什麼時候感覺最樂觀？你生活的哪些方面進行得很好？若只關注在這些正面的部分，感覺會是如何？

水晶行動

念誦肯定語：「我用正面積極的態度生活。」今天，將注意力放在這一天所發生的好事上，來提高你的頻率。

海水藍寶
aquamarine
順著流走

　　保持流動。如果一個方法行不通，就換一條路走。開放自己從不同的視角或觀點看待事情。如果計畫生變或障礙升起，就規劃前往彼岸的新路徑。你就像水，勢不可擋。保持流動，你就會抵達心之所嚮。有時只需要多一點彈性，就可以到達目的地。無論水流多麼湍急，記得順著流走，享受這個旅程吧。

核心問題

是什麼使你執著於一種結果？如果你保持彈性，結果可能會如何？你會如何面對意料之外的改變呢？

水晶行動

念誦肯定語：「我臣服於生命的潮起潮落。」今天，放下你對某個情況應該要如何發展的期待。保持流動並且順著流走。

霰石
aragonite
卸下情緒的重擔

　　是該減輕你的負擔了。讓自己承認、處理和放下所有不再有益於你的情緒。情緒重擔會以不同的方式呈現──羞愧、失望、憤怒、罪惡感與怨恨。這些都是人性的一部分。雖然這些情緒會形成保護的屏障，但最終它們還是可能變成精神上需要卸除的沉重負擔。你可以用更健康且正面的方式，承認並重新導引這些感受。你自己就有力量清理這些情緒，使你能繼續向前走，無罣無礙、無拘無束。

核心問題

有什麼負面情緒持續浮現卻被你一再忽視？如果停止攜帶那個重擔，感覺會是如何？是什麼阻止你將它放下？

水晶行動

念誦肯定語：「我是輕盈而且自由的。」今天，當一個負面情緒浮現時，好好地檢視它。思考這個情緒的真正源頭，然後輕柔地讓它離去，無需批判自己。

東菱石
aventurine

好運自己創造

　　好運源於你自己。只需要改變你的能量，你就有力量塑造自己的命運。第一步是將你的想法、信念和能量，對準你所想要的事物。一旦你完全地校準，你就能吸引求之若渴的機會，達成你的目標。就像一塊磁鐵，你可以在任何情況下為自己安排最佳的可能結果。你的幸運並非巧合──它是你創造出來的。

核心問題

你相信自己是幸運的嗎？在你生活中的哪些領域可以注入好運？你如何對機會保持開放？

水晶行動

念誦肯定語：「我是吸引好運的磁鐵。」在一天結束時，去認出一件發生在你身上的好運。

藍銅礦
azurite

全神貫注

　　全神貫注在生活中的每一個領域。如果你將全部的注意力一次集中在一件事，你所做的每一件事都會更有效率和生產力。生活很繁忙，會將你往不同的方向拉扯。保持專注和紀律能防止你偏離而走向不必要的歧途。你有能力控制心智的走向。利用專注力使你的思想更加警覺，來幫助自己維持在正軌上。

核心問題

對你而言，保持專注是什麼樣子呢？在你生活中的哪些領域，能夠受益於更集中的注意力？今天有什麼事需要你專心處理？

水晶行動

念誦肯定語：「我全神貫注支持我的目標。」今天，選擇單一一個工作，在你開始做下一件事之前，全力將它完成。

黑色藍晶石
black kyanite

設下堅定的界線

設下堅定的界線使成功的關係成為可能。然而有時候，這代表你必須對生活中有求於你的人說「不」！面對日常的例行事務，將你自身的需求和其他人的需求區分開來，對自我照護來說非常重要。從長遠看，與其不斷給予直到自己杯中盡空，設下界線保留足夠的愛與能量，用健康的方式滋養你所珍重的關係，才是長久之計。不要接受任何罪惡感。站穩腳跟，堅守你的界線吧。

核心問題

你需要設下什麼樣的界線？哪些界線對你而言不容妥協，而有哪些是你可以保有彈性的呢？

水晶行動

念誦肯定語：「我藉由保持堅定的界線，來照顧自己和其他人。」今天，對一個請求說不，做出你的決定而無須任何解釋。

黑碧璽
black tourmaline

保護你的能量

　　只有好的頻率才能進來！去學習如何完全瞭解和保護自己的能量；這是一種強大的工具，使你能保持堅強、對自己誠實，無論負面能量是衝你而來或只是在你周圍出現，你都不會被動搖或擊垮。在出門進入人群之前，請有意識地運用你的內在力量；無論到時會有哪些人事物前來損傷或榨取你的精力，都要致力保持正向。好好善用這個保護罩，你將會看見其中的差別。

核心問題

你曾經讓別人的消極負面影響你嗎？哪些人是在你與他們共度一段時間後，只會留給你耗損的感覺？你如何能保護自己的元氣？

水晶行動

念誦肯定語：「我是強壯、充滿力量，而且備受保護的。」今天，在你出門之前，觀想一個強大的能量保護罩圍繞著你。在一天當中，時時與這個能量電池連結，來強化你的保護力。

血石
bloodstone

起身，動起來

　　移動帶來動能。這是一種生命力，對於維繫健康的心智、身體與靈魂至關重要。當我們的生理機能活躍時，除了感覺更好之外，我們的心智也會更清晰、心情更輕快，而且精神也變得更為飽滿。即使是在艱困的日子裡，也請站起身來，讓你的血液沸騰吧！你可能會很訝異運動為你充電的效果是這麼的快速。設定具體的目標能更切合你身體的需要，同時也要持續激勵自己完成它們。一旦你跨出

第一步，動能就會隨之迸發，而很快地你就會奔馳起飛了！

核心問題

在你的優先順序清單上，移動和運動被放在哪裡呢？是什麼妨礙了你保持活躍？你要如何將運動納入日常生活中？

水晶行動

念誦肯定語：「愉快的運動讓我精力充沛。」今天，去做一件讓你的心跳加速的事。

藍紋瑪瑙
blue lace agate

找到屬於你的沉靜

　　放輕鬆！這個世界已經充滿了壓力和瘋狂。置身在風暴中也許很難找到沉靜，然而，當一切都無濟於事的時候，保持呼吸就好。留意那些象徵壓力或焦慮升高的特定徵兆，讓你得以防患於未然。當你感覺被淹沒時，就休息一下，做個深呼吸。去做任何使你的心智和身體回復鎮定所需要的事。呼吸練習和靜心冥想，能將你帶回健康的自然狀態。在寂靜之中蘊藏著力量。在連結這份力量的同時，別

忘了呼吸。

核心問題

　　什麼時候你感覺最放鬆？你要如何才能減輕壓力或焦慮的感覺？什麼能幫助你回復平靜？

水晶行動

　　念誦肯定語：「我面對生活，是氣定神閒且活在當下的。」今天，只要感覺壓力出現，就握緊你的拳頭，深深地吸氣，然後同時呼氣和鬆開你的拳頭。重複這個動作三次。

紅玉髓
carnelian

滋養你的創造力

　　你富有創意的那一面正在呼喚你。與其等待靈感閃現，不如充當自己的創意泉源。選擇一個讓你發揮想像力的活動。任憑自己弄得一團糟，自在地揮灑吧！停止內心的批判，放掉過程應該得要如何的所有預設。這不是要你創作出完美無瑕的大師巨作，而是去探索你個人的旅程，允許你的想像力自由馳騁。

核心問題

什麼能激發你的創意？有什麼事物使你的創造力無法自由奔馳？你想要創造什麼呢？

水晶行動

念誦肯定語：「我富有想像力，能夠自由自在地創作。」今天，啟動一項全新的創作計畫，或重新開始一個先前棄置的計畫。

天青石
celestite

安撫你的靈魂

信任每件事的發生都有它的原因。擔憂未知是很自然的事，但請試著以希望代之。很多時候，你所擔心的事並沒有真的發生。但在事後回顧時，你就會瞭解自己居然浪費了這麼多時間和精力在擔憂某件你幾乎無法掌控的事情上。當然，在相信自己還能提供幫助或改變結果的時候，就去採取行動。如果不能，就試著用更積極正向的想法來取代所有焦慮和緊張。一切最終都會順利的；你可以用這個

寬慰人心的想法來平撫你的心智、身體和精神。宇宙總是如其所是地開展一切。

核心問題

　　擔憂是如何為你服務的？你可以告訴自己什麼來緩解你的憂慮？

水晶行動

　　念誦肯定語：「我相信每件事都會很好。」今天，找一個理由用希望來填補憂慮的空缺，藉此放下你心頭的重擔。

矽孔雀石
chrysocolla

重新開始

　　是重新開始的時候了。關上身後的門，你才能往前走並打開新的大門。每一天都是空白的畫布——每一次都是你大膽追求生命中的渴望，將過往斷捨離的機會。你不需要向現狀妥協或認命。每一天你都有力量改變生命，並用不同的方式來行事。現在是用「除舊佈新」的心態來生活的時候。

核心問題

在你生活中的哪些領域需要重新開始？你可以對什麼說「再見」？而你又可以迎接什麼進入你的生活中？

水晶行動

念誦肯定語：「我迎接每一天所帶來的新機會。」今天，整理或裝飾一個空間。增添新鮮的花朵或盆栽來迎接新生活。

綠玉髓
chrysoprase

允許自己接受

給予有時比接受容易，但是對於健康的生活方式而言，接受來自他人的幫助是必要的元素。就像你平常給予一樣，盡可能開放地接受吧。要記得，你是無法從空杯裡倒出東西的。在你所有的關係之中，都需要施與受的平衡，無論是朋友、家人或工作夥伴。如果你在接受別人的給予時，發覺自己感到罪惡或不安，請改變你的態度，使你能欣然接受他人的付出。

核心問題

你在哪些地方給予多於接受呢？什麼樣的感受導致你這樣做？你可以做出什麼改變，使關係更加平衡？

水晶行動

念誦肯定語：「我允許自己接受。」今天，毫不遲疑地對所有到來的讚賞説「謝謝！」

黃水晶
citrine

把光帶進來

讓陽光照入吧。一點「靈性的維他命 D」能提振你的精神與拓展生活的視野。讓快樂成為你每日的首選。就如同太陽穿透陰天的雲霧，你有把光帶進來的能力，即使你感到有些陰鬱。你是自己內在世界的氣象負責人。請欣然接納這份美好的感覺，帶著有意識的努力，讓自己持續沐浴在光中吧。

核心問題

什麼能照亮你的一天？你在何時感覺最開心？當你站在陽光下，感覺會是如何？

水晶行動

念誦肯定語：「我讓光重新進入。」今天，可以去觀看日出或日落。

白水晶
clear quartz

獲得明晰

　　在腦海裡騰出空間給清晰的想法，能為你的生活帶來更大的洞見。每天的擔憂和壓力可能會遮蔽你，使你看不見更大的畫面。當你感到困惑時，確認自己並非只見樹而不見林。來自正念覺察的明晰使你能從更高的視角看待人生。在你努力不懈地成為最好的自己時，請專注在你的目標和意圖上。就像靈性的視力 20/20（編注：等同臺灣的視力 1.0，表示視力極佳），你可以清楚地看見自己所要抵達

的目標以及如何前往的方法。

核心問題

你是否感到迷失或困惑？你知道自己想要的是什麼嗎？對你而言，所謂的「清楚」看起來或感覺起來會是什麼樣子？

水晶行動

念誦肯定語：「我就像水晶一樣的清晰。」今天，靜坐冥想三分鐘來清理你的頭腦。

綠簾石
epidote

深入探尋

　　你已準備好療癒更深的層面。透過讓自己卸下戒備，以及表現脆弱的一面，來剝落自己層層的心防。開始處理情感上的傷痛，使你能修復自己的心、重振自己的精神，而得以開放地追求更健康的關係。你是足夠堅強的，能突破一切阻止你與人們建立深刻連結的障礙。深入探尋是需要勇氣的，然而一旦做了，你就能展開一個更有意義的人生。

核心問題

你是否對建立一個更深刻的關係裏足不前？你是否允許自己表現脆弱？你可以做出什麼改變來向周圍的人敞開自己？

水晶行動

念誦肯定語：「我向充滿愛的連結敞開自己的心。」今天，花一些時間與某個人做深度的對談。

螢石
fluorite

找到內在的寧靜

　　寧靜並非你在「外頭的某處」就能找到的東西，它來自內在。不需要等待生命的風暴停歇，也無須達到內在的靜止才能獲得寧靜。寧靜意味著接受外在的環境，並堅守自己的信念。當你對自己的決定感到平靜，你就能採取行動並獲得慰藉。透過選擇寧靜，你可以不再接收外界的干擾，擁抱更加平和的狀態，如此你便能繼續日常的生活以及面對任何的挑戰。

核心問題

什麼能幫助你得到內在的寧靜？寧靜的樣貌對你而言會是什麼樣子？你如何以一個寧靜的狀態來面對生活？

水晶行動

念誦肯定語：「我活在寧靜的狀態中。」今天每當你照鏡子時，做一個深呼吸，重複你的肯定語。將這個寧靜的狀態帶入你所有的活動之中。

石榴石
garnet

點燃熱情

　　你的生活需要一點刺激！劃一根火柴點燃你熱情如火的本性吧。來自原始激情的熱力，會為你所做的每一件事增添興奮感。有時候，與其被動接受一成不變的日常事務，不如用熱情與嶄新的活力迎向周遭的人們。這個觀點將會在生活中的各個領域為你帶來活力，包括你的人際關係、事業、挑戰和計畫。

核心問題

是什麼在早晨呼喚你起床？是什麼點燃你靈魂的火焰？你如何將更多的熱情帶入生活中較少刺激的領域？

水晶行動

念誦肯定語：「我的內在火焰為我的每一天帶來熱情。」今天，做一件能振奮你的事，或聆聽一首能鼓舞你的歌曲。

黃金療癒者水晶
golden healer quartz

打開大門

　　放輕鬆。你已經準備好展開某種形式的療癒旅程。想一個生命中正在呼喚你注意的面向。開啟潛意識的大門，使你憶起或克服任何塵封的經歷或感受。允許自己承認這些情緒，然後展開你的療癒旅程。記得，當你在揭露自己需要療癒的部分，以及擁抱在大門彼端那個更好、更強壯的自己時，要緩慢且輕柔地進行。

核心問題

在你生命中的哪些領域已準備好展開療癒旅程？在你打開療癒之門時，你能做什麼讓自己更加舒適？你能採取哪些小的步驟來啟動這個過程呢？

水晶行動

念誦肯定語：「我展開我的療癒旅程。」今天，選出一個生活中適合加以療癒的領域。花五分鐘來連結你的潛意識，自由地書寫你的感受。

赤鐵礦
hematite

讓自己扎根

你上一次赤腳走在戶外是什麼時候呢？用這種
簡單的方法親近大地，將有助你感到扎根和連結。
定義一下對你而言「穩定」是什麼樣的感覺，如此
你便能為自己創造安全感，即使是在動盪不安的時
刻裡。對我們大多數人而言，自我探索是一輩子的
事。然而，要對自己的核心價值保持誠實──是什
麼構成了「你」。這是如何在你的職涯、家庭生活
或在你世界中的其他領域，於物質或精神上獲得安

定的方法。去思考何種自我照護的方式能幫助支撐一個堅實的基礎，使你得以將能量投入在生活的其他面向。你不僅可以擁有下扎的根，同時也能向上飛翔。

核心問題

　　有任何事物撼動了你的根基嗎？你感覺自己是扎根的嗎？

水晶行動

　　念誦肯定語：「我扎根且與大地相連結。」今天，挺身站直，閉上雙眼，去觀想自己向下扎根。

堇青石
iolite

改變你的金錢觀

　　也許金錢可以讓世界轉動，但它不該讓你也跟著團團轉。將你的杯子視為半滿而非半空，對於保有一個健康的觀念是很重要的。當你能將注意力從自己所沒有的轉變成感謝自己所擁有的，你就會吸引更多渴望的事物來到生命中。擁抱「足夠」的感覺，知道無論你是否擁有每一件想要的東西（want），你毫無疑問地已經擁有每一件需要（need）的東西了。將更多覺知帶入你的內在狀

態，挑戰自己去對此刻身處的位置以及所擁有的事物表達感謝。與其追逐金錢和物質，不如追求對當下生命的喜悅和滿足。很快地，你就會看到自己的福杯滿溢。

核心問題

　　你是有意識的消費者嗎？你會購買自己想要的還是需要的東西？有什麼能使你對自己的財務狀態感到滿意？

水晶行動

　　念誦肯定語：「我生活在豐盛中。」今天，對你所擁有的一切表達感謝。

玉
jade
表現成熟

　　行事要得體，不失格調。你有力量選擇如何與人們互動。你要不是提升彼此，就是拖垮彼此。你可以表現得任性幼稚，拱手讓出自己的力量，或者做一個成熟的大人，堅守自身的信念。要提升靈性的成熟度，就要保持醒覺而非反射性地回應。別總以為事情都在針對自己。不帶防衛地傾聽。與其讓別人的對話或外境來影響你，不如淡然以對、處之泰然。有時候，沉默是金，按兵不動反而會讓你成

為贏家。

核心問題

　　你是否常認為事情是針對自己或心存防備？你能控制對他人的回應嗎？你如何能在人際關係中表現得更加成熟？

水晶行動

　　念誦肯定語：「我表現出最成熟的自己來應對進退。」今天，在所有情況下，都要採取高格調的作風。

拉長石
labradorite

看見魔法

　　魔法就在你身旁。如果你將視線從每日的路徑轉移開，你會在每一個角落發現它。魔法就在彩虹之美、星辰的奧祕、朋友的擁抱，以及孩子們純真的笑容之中。打開你的眼睛，看看生命沿途的諸多奇蹟。成為世界的參與者。相信神聖的時機，全然信任你生命的計畫。你就在你應該在的地方。環顧四周，你會找到自己的北極星，它會引領你走向命定的道路。

核心問題

如果能許一個願，你的願望會是什麼？你上一次收到代表自己在正確道路上的徵兆是什麼呢？

水晶行動

念誦肯定語：「魔法隨處可見，支持著我。」今天，留意生活當中來自宇宙的徵兆，它會讓你明白自己目前就在你應該在的地方。

青金石
lapis lazuli

做出決定

　　決定啊決定——原來我們花了這麼多時間在逃避它。有的時候我們需要審慎周到、深思熟慮，然而也會來到必須做出決定的時刻。避免遲疑不決的陷阱，並忠於你的決定。你的內在智慧會指引你，然而最終還是需要由你來貫徹自己的選擇。放下預備方案或逃逸路線，相信你已經為自己做了最好的決定。之後，請完全投入你的選擇吧。你永遠可以改變心意——但首先，你需要做出決定。

核心問題

什麼時候你會掙扎而難以抉擇？什麼時候你會害怕履行自己的決定？現在你能做些什麼來幫助自己做出明智的決定？

水晶行動

念誦肯定語：「我是堅決且果斷的。」今天，請做出一個決定，無論它是大是小，都要致力於貫徹它。

列木里亞水晶
lemurian quartz

實踐耐心

　　慢下來。生命無須緊迫匆忙；總會有足夠的時間做你需要做的事。學會安撫躁動不安的自己，逐步踏實地生活。忙碌和多產還是有區別的；確認你把最珍貴的時間用在最重要的事情上。耐心不是件一旦獲得就一勞永逸的事。這是一種實踐，是一件即使在你的冷靜自持受到考驗的時刻，也必須帶著意識做到的事。跟隨大自然的步調，相信每件事都會在適當的時機發生。擁有一些帶著覺知的耐心，

能使你的每一天更加愉快，如此你便能感激生命自然本具的暫停時刻。

核心問題

什麼人或情況會考驗你的耐心？在日常生活中，你要如何更有耐心呢？

水晶行動

念誦肯定語：「我是有耐心的。」今天，慢下來吧。在路上禮讓他人先走，或是在商店讓別人先排隊結帳。

鋰雲母
lepidolite

記起你的夢

運用無形夢世界的力量,來發現你的新面向。在夢中的符號和情節,藏有如此多可以為你取用的資訊。它們提供理解及反思自我的更深層的方法,是一種超越物質世界,而從你的潛意識心智學習的路徑。你可以開始在睡前問自己一個問題,看看是否能在夢中找到答案。當你醒來,寫下所有能夠回想的細節。你可以定期練習這個方法,讓它幫助你獲取關於自己的潛意識訊息。

核心問題

我上一次做清醒夢（vivid dream，編注：在意識清醒時所做的夢，又稱清明夢）的內容是什麼？在做了一個似乎傳遞某種訊息的夢之後，發生了什麼事？我能在夢境中發掘出什麼訊息？

水晶行動

念誦肯定語：「我從夢中自我所提供訊息中獲得啟發。」下一次當你醒來時，盡快寫下你記得的夢境。

孔雀石
malachite
蛻變的時刻

　　為蛻變做好準備！你擁有內在力量、決心和信念，足以讓生活變得更好。你遠比自己所知道的更有資格。你已經走了這麼遠；請別在此時停下來。拒絕任何人事物的阻撓，包括所有潛在的自我懷疑。你有力量掌握自己的命運。繼續朝你所嚮往的未來邁進。請看著你的目標，持續前進直到它觸手可及。給自己堅定的愛和必要的真實意見，使自己能夠達成所有的改變。

核心問題

你是自己想要成為的人嗎？你對自己的期望是什麼呢？你生命中的哪些領域已經準備好要改頭換面了？

水晶行動

念誦肯定語：「我致力投入我的蛻變。」今天，請採取一個行動，無論它有多麼微不足道，都能夠對你所設定的目標有所幫助。

月光石
moonstone

活出你的目的

　　生命是一趟旅程。我們每個人都有自己獨特的渴望，想找到屬於自己的道路，走向一個更有意義的人生。這是去發現自己內在更深層意義的時候，並確定你所採取的行動與抉擇，事實上都帶有明確的意圖及目的。你要如何使事情變得不同？你能夠貢獻什麼？你遺留給世人的贈禮會是什麼？跟隨你的心，也跟隨你的良知。如同月亮的盈虧，你可能覺得有好幾次，你離自己的真實目的時而靠近、時

而疏遠。然而，當你知道自己正走在最高目的的路上，每一天你都會感到充實而滿足。

核心問題

我為什麼會在這裡？我在這個星球上的目的是什麼？倘若我活出了自己最高的目的，感受會是如何呢？

水晶行動

念誦肯定語：「我帶著目的走上我的道路。」今天，寫下三件當你活出自己的生命目的時，你的人生會呈現的樣貌。然後，採取行動來實現其中的一個或多個價值。

海洋碧玉
ocean jasper
把自己納入行程

　　你永遠有時間安排「專屬自己的時間」。把自己放在首位是沒有問題的。如果你不照顧自己，就很難能夠用有效且健康的方式照顧別人。每天都規劃一點時間好好地照顧和滋養自己。休息片刻，用一些小技巧善待自己。這是你應得的！如果你的一天緊湊到無法給自己五分鐘，那麼，就安排個十分鐘吧！自我照護並非自私的行為；為了成就最佳版本的自己，這麼做是絕對必要的。

核心問題

你會為自己做些什麼？你把自己安排在待辦事項清單的最後嗎？你要如何把自己安排在更優先的順位上？

水晶行動

念誦肯定語：「我照顧自己，因為我很重要。」今天，承諾替自己安排一些時間吧。

幽靈水晶
phantom quartz

擁抱改變

在變化無常中，要在不適（uncomfortable）之中尋找自適（comfort）。變動無處不在，所以要充分地利用變化。畢竟，在生命中，唯一不變的就是改變。擁抱不確定性，迎向那無可避免的。這些是使你成長、進化和向前的機會。你如何從生命的驛站間移動，決定了你的旅程是延續或是中止。與其抗拒改變，不如讓它推動你，使你能夠提升自己的生命。

核心問題

在你的生活中，有什麼變化在發生？你如何回應這些改變？如果你活出自己的生命目的，你理想中的回應會是如何？

水晶行動

念誦肯定語：「我欣然接受改變。」今天，帶著自信面對一個之前迴避的生活領域，認出某件你能做到的改變，或者坦然接受它。

粉蛋白石
pink opal

善待自己

　　放自己一馬吧。你對自己說話的方式，要不是在提升你，就是在詆毀你，所以要留意你的內在對話。尊重自己，當自己的啦啦隊長；原諒自己，無論生命如何起伏，都要做自己最好的朋友。做個有意識的改變，用更多的慈悲、同理和仁慈對自己說話。用你對待他人或期望他人對待你的方式來對待自己。這一切都源自於你內在的聲音。對自己展現感性、理解和溫柔，你也能學到如何更仁慈與慈悲

地對待人們。

核心問題

　　你都對自己說些什麼？你會用對別人說話的方式來對自己說話嗎？你會用對待自己的方式來對待別人嗎？

水晶行動

　　念誦肯定語：「我尊重自己。」今天，寫下三件你喜愛自己的事，然後在白天和夜晚的時候大聲念出它們。

黃鐵礦
pyrite

讓金錢流入

　　一個財務上的重大進展即將到來。你有力量創造你所渴望的財富。投入必要的時間和能量來追求你的財務目標。辛苦會得到回報的。成為一個吸引金錢的磁鐵，並召喚豐盛以各種形式來到你的生命中。金錢與財富不會總以你所預期的方式出現，因此要睜大雙眼留意所有向你展現的財務機會。你在正確的路上了；請繼續努力、持續行動、不斷前進，你將會滿載而歸。

核心問題

你的財務目標是什麼？你對成功的定義是什麼？如果你擁有想要的金錢，你想拿來做什麼？

水晶行動

念誦肯定語：「財務的豐盛圍繞著我。」今天，請繼續朝目標努力，知道你的努力終將會獲得報償。

彩虹黑曜石
rainbow obsidian

療癒你的心

　　你是強壯而有復原力的，能夠處理最深處的人類情感。對我們的身體、情緒和精神的健康而言，心既是最脆弱也是最強大的元素。請相信無論你感覺多麼赤裸或痛苦，你都有復原與療癒的力量。從失去摯愛、一段關係、心愛的寵物甚或是工作，我們都曾經歷過哀慟。無論是最近發生還是很久以前的事，在哀悼的歷程中，各種情緒都有可能隨時浮現表層。允許你的情緒到訪，如此一來你才能承

認，而後釋放它們，好讓嶄新的愛、光與希望填滿那個空間。

核心問題

你在何時經歷了某種形式的失落？你有允許自己時間和空間哀悼嗎？什麼能夠幫助你度過哀悼的歷程？

水晶行動

念誦肯定語：「感受就是一種療癒。」今天，允許自己感受所有到來的情緒。讓它們離去，有需要的話就哭泣，如此你才能創造出療傷的空間。

紅碧玉
red jasper
採取行動

　　檢查你的待辦事項！如果你的待辦清單越來越長，或是你失去了動力，就把油門踩到底吧。你就坐在駕駛座上！鼓勵自己採取行動，把乏味無趣的事項從清單上刪除。好的開始雖然是成功的一半，但是專心致志、有始有終也同樣重要，這使你能在一天結束時享受成就感。設定實際的目標，讓自己待在正軌上，避免拖延。一件接著一件，每一項工作都會完成的。

核心問題

完成你拖延的事情會是什麼感覺？若要完成其中一項工作，你會做的第一件事是什麼？

水晶行動

念誦肯定語：「我做得到。」今天，完成一件你拖延已久的事吧。

菱錳礦
rhodochrosite

記得你的價值

　　往往，我們就是自己的批判者。對各種形式的自我肯定保持開放是很重要的，但你可能會在錯誤的地方找尋你的價值。與其向他人尋求，或列出一長串證明自己成就的清單，還不如從內在尋找自己的價值。你的生命有其意義，無關任何頭銜、人生經驗或技能。你很重要，因為你就是你。當你知道自己的價值，你的自尊心便會快速成長。要清楚知道自己值得，不要退而求其次。

核心問題

你覺得自己是有價值的嗎？你值得從生命得到更多嗎？如果你承認自己真實的價值，你的生命會是如何？

水晶行動

念誦肯定語：「我是值得的。」今天，不要接受低於自己可接受的條件。

薔薇輝石
rhodonite
尋求寬恕之道

　　自由就隱身在寬恕中。當別人傷害或背叛你，會反彈是很自然的，但如果你能超越最初的責怪、怨恨、憤怒、失望或沮喪，你便能從這個負面有害的狀態中獲得解脫。當你能夠寬恕，你就賦予了自己力量，而非讓情緒凌駕自己。然而寬恕某人，並不代表你容許他們的所作所為。這只是讓你能放下與過往的羈絆，使你能繼續向前。根本而言，所有的寬恕都是為了服務自己。

核心問題

你是否對生命中的某個人還存有嫌隙，或是緊抓著怨恨和憤怒呢？寬恕的感覺會是什麼樣子？

水晶行動

念誦肯定語：「寬恕從我開始。」今天，選擇一個人（你自己或他人），開始走向寬恕吧。

粉晶
rose quartz
打開你的心

　　還記得自己的初戀嗎？那個人應該是你自己！接受徹底無條件的自我之愛吧。這將引領你來到一個相互理解、充滿耐心與喜悅的地方，在這裡你能夠與他人分享交流。藉著擁抱對自己無條件的愛，你也敞開自己的心接受別人給予你所需要和值得的愛。就這麼做吧，讓自己完全沉浸在愛中吧。唯有如此，你才能向那個特別的人表達出那同等程度的真愛。

核心問題

倘若向自己展現無條件的愛，看起來會是如何？你愛自己的哪些地方呢？

水晶行動

念誦肯定語：「我是愛。」今天，站在鏡子前，看著自己的眼睛並說「我愛你」三次。

透石膏
selenite

清除雜亂

　　這是重振精神的時候。當你覺得自己的電池即將耗盡，或你的光開始黯淡，你需要的就是一個安靜的片刻，按下更新的按鈕，並將你的內在之光調整到最明亮的程度。利用這個重置的機會，為自己清除一切削弱你能量的事物。這可能是花幾分鐘到戶外感受照耀在臉上的陽光，或是靜坐冥想做幾次呼吸。盡其所能地重振精神，滋養你的靈魂，為你的內在之光充電吧。

核心問題

你的精神是否十分明亮飽滿？你需要清除哪些能量呢？

水晶行動

念誦肯定語：「我用光充滿自己。」今天，觀想一個白色光柱，從你的心開始放射到身體的其他部位。

次石墨
shungite
為生命排毒

　　你的心智、身體和精神需要一次系統的重開機。我們常受到環境及其中一切事物的影響，從停留在指尖上的科技產品，到我們呼吸的空氣、所吃進的食物、所使用的健康和美容產品，但我們不見得會意識到它們。仔細檢視你選擇放在周圍、穿戴在身上和攝取進身體的東西。在你生活中可能有某個領域需要去蕪存菁──留下你所需要的，捨棄你不需要的。一場虛擬淨化（virtual cleanse）能協助

清除能量的阻塞，使你感覺回到最佳狀態。

核心問題

　　你何時會感覺迷糊昏沉或精疲力竭？在這些時段裡，你暴露在什麼樣的環境中？如果你讓自己的系統暫時從這些影響源抽離，感覺會是如何？

水晶行動

　　念誦肯定語：「我供給自己的系統所需要的，釋放它所不需要的來滋養自己。」今天，當你吃東西時，放下所有的科技產品，將注意力留在當下，用心地進食。

煙水晶
smoky quartz

放手吧

　　逝者已矣。讓它停留在過去吧。與其頻頻回首，讓往事來定義你，還不如在今天做個有意識的努力，開始展望未來，活出最完整的生命。沉湎於過去已經發生、本應發生的事，或是「本應該有的」、「本可以有的」，你很可能會錯過當下，以及現在出現的機會。每一天都是向前邁進，以你願意流傳的方式寫下自己的故事的新機會。與其困在倒帶重播的往事，不如記取經驗，運用當下來創作人

生的新篇章。

核心問題

有什麼過往的經驗讓你念念不忘？如果沒有那些情緒的負擔，在此刻你的行動和感覺會是如何？

水晶行動

念誦肯定語：「我的力量就在當下；我讓過去留在過去。」今天，每當來自過去的往事浮現，就複誦這句真言。

蘇打石
sodalite
説出你的真實

　　你有話要説。你的聲音充滿力量。説出來吧！讓你的話語從心中流淌，確保你的話語如實呈現你的感受。雖然有些事情不説出來會比較輕鬆，但有時候，為了要求你真正需要的事物，透過那些困難甚至有些尷尬的對話來表達自己，是非常重要的事。向別人清楚表達你的想法和感受，使他們得以明瞭並且尊重真正的你。透過你清楚、自信的話語，其他人才有機會聽見你的真心話。

核心問題

你何時需要為自己說話？你在何處沒有誠實地對待自己和他人？如果說出自己的真實，感覺會是如何？

水晶行動

念誦肯定語：「我清楚地溝通，其他人會聽見我的真相。」今天，用你的心而非頭腦來說話。

太陽石
sunstone

樂在其中

　　不要只是停下來嗅聞玫瑰花香，為自己做一個花束吧。如果你發現自己如行屍走肉般地過日子，就敦促自己停下來，花點時間欣賞生命中的美好。如果你發覺自己永遠只想著下一件事要做什麼，就讓自己欣賞一下此時此刻。如果需要的話，你甚至可以在手機行事曆中設定提醒。一生只有一次，給自己時間享受它吧。做件能大幅提升能量和喜悅的事，做件能「注滿你的杯子」、滋養你靈魂的事。

樂在每一件你所做的事情中，因為正是那些小小的
樂趣，使生命真的值得一活。

核心問題

在你的生活中，最大的樂趣是什麼？什麼是你
每天都會經歷到的小小喜悅？

水晶行動

念誦肯定語：「我擁有充裕的時間。」今天，
細細品味一個你一直視為理所當然的片刻。例如品
嚐一杯熱咖啡，或與陌生人交換一個微笑。

虎眼石
tiger's eye
克服你的恐懼

遲早，我們都要採取行動面對自身的恐懼。掌握自己的命運，大膽進取吧。即使是我們當中最勇敢的人，也都會害怕——重要的只有去面對和克服它。別讓避免不舒服的自然本能阻擋了你明瞭生命中最偉大的一種經驗；衝向眾所周知的堡壘，撞開它的大門，擁抱你心中的老虎，直視恐懼直到徹底征服它。改變你的觀點，把恐懼當作一個趁勢而起、面對挑戰，以及展現你韌性的機會。

核心問題

你在害怕什麼？恐懼是否影響了你每日所做的選擇？如果你克服了恐懼，你的生命會是如何？

水晶行動

念誦肯定語：「我正面迎擊恐懼。」今天，開始做一件你一直以來害怕做的事。

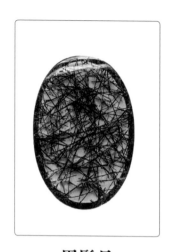

黑髮晶
tourmalinated quartz

別扯自己後腿

　　邁向成功的道路是清楚的，你只需要領受它。你是個人旅程的唯一主理人和掌舵者。去除所有自我懷疑的念頭，它們會帶你偏離正軌。你有權活出最美好的人生。不要對負面思想讓步，或是試著迴避或推卸責任而放棄自己的力量。面對所有出現的障礙，用心尋求解決方法。成功是屬於你的。掌控全局、扛起責任、全心投入，你將開始掌握自己命運的方向。

核心問題

你是否曾怪罪他人、抱怨或是找藉口呢？你在何處逃避你生命的責任？

水晶行動

念誦肯定語：「我不再扯自己後腿，允許成功來到我身邊。」今天，挑戰自己，避免抱怨、責怪或是找藉口。

綠松石
turquoise

健康優先

　　你要掌握自己的健康狀況。第一步是去辨別你的身體需要的是什麼。每個人都是獨特的,因此,你需要透過自我檢視,發現什麼能讓你感覺最好,來發展你的健康之道。然後,採取一個有益健康的步驟,無論它有多麼微小。也許是盡量提早十五分鐘就寢、搜尋線上的瑜伽課程、下載一個冥想app、出去散步,或是在健身房鍛鍊。無論你選擇為自己與健康做些什麼,請將它列為每一天的優先

事項，並且全心全意地去做。持之以恆，小小的行動也能締造驚人的成果。

核心問題

你把自己的健康排在首位嗎？你可以大幅改善自己哪部分的健康？

水晶行動

念誦肯定語：「我的健康優先，所以我會練習照顧自己。」今天，做一件事來幫助你身體、情緒或精神上的健康。

綠簾花崗石
unakite

活在當下

　　沒有其他的時間能與當下相比。過去已矣,而未來尚未發生,所以讓自己扎根於當下吧。當你的生活與頭腦忙碌的時候,要做到這件事或許很難,但保持覺察、專注在當下此刻,會幫助你充分利用自己的生命。給自己真正與生活周遭的人連結的機會,全心投入你所做的每一件事。試著避免分心或神遊,尤其是關於那些你無法控制的事。沉浸在每一個經驗之中,將你所有的心神投入每一個行動,

將感謝帶到你目前所在的地方。當下就是你能找到真實滿足的地方。

核心問題

現在你的心智在哪裡：是希望自己能改變過去、抑或擔心著未來，還是就在此時此刻？現在有什麼是你最感謝的？

水晶行動

念誦肯定語：「我活在當下。」寫下三件此刻你感謝的事物。

關於作者

　　海瑟·阿斯奇諾西（Heather Askinosie）是在水晶能量、風水和整全療法（holistic healing）領域的影響力先驅。過去二十五年來，她有幸與來自世界各地的傑出治療師一同研究，她們承繼了關於如何利用能量科技的古老教導。

　　海瑟與商業夥伴蒂米·詹德羅（Timmi Jandro）是能量繆思（Energy Muse）的共同創辦人。能量繆思是一間水晶的生活風格公司，藉由珠寶和水晶提供人們自我賦能、靈感與希望的工具。海瑟和蒂米一起幫助人們與地球的能量重新連結，明瞭自己的真實渴望，並發揮自己個人的才華。你可以在www.energymuse.com 網站上造訪她們。

大樹林好書推薦

啟動內在光能神諭卡：連接宇宙靈魂與智慧的源頭，發現你的內在之光
Work Your Light Oracle Cards
作者：芮貝卡．坎貝爾
繪者：丹妮爾．諾爾
定價：650 元
★結合獨特的藝術美感 X 神聖的光之能量
★ Amazon 逾六千位讀者評價平均 4.8 顆星
★溫柔又強大的能量訊息，發現「你就是神諭」的內在之光

大樹林好書推薦

月相神諭卡：連接古老的月亮智慧，開創屬於你的
夢想和未來

Moonology Oracle Cards

作者：雅思敏‧伯蘭

繪者：妮克絲‧蘿婉

定價：580 元

★美國 Amazon 占星榜 No.1、塔羅榜 No.3

★全球占卜師、療癒師、神諭卡迷必備超人氣牌卡

★利用美麗又睿智的月亮力量，實現夢想，讓人生變得
更順利